शंख घोष

जन्म : 6 फ़रवरी, 1932, चाँदपुर (अब [illegible]
के अग्रणी और अप्रतिम कवि। बहुतेरा गद्य [illegible]
अद्वितीय प्रामाणिक अध्येता। निबन्धकार और [illegible]
विश्वविद्यालय के कालेजों, और जादवपुर [illegible] अध्यापन कार्य।
दिल्ली विश्वविद्यालय में भी कुछ अरसा। [illegible] दशक में आयोवा विश्वविद्यालय, अमेरिका, के क्रिएटिव राइटिंग प्रोग्राम में आमंत्रित। साहित्य अकादेमी पुरस्कार (1977), कुमारन आसान पुरस्कार (1983), सरस्वती सम्मान, आनन्द पुरस्कार, शांतिनिकेतन के 'देशिकोत्तम' तथा 'पद्मभूषण' से अलंकृत। वर्ष 2016 के ज्ञानपीठ पुरस्कार से सम्मानित। कविता संग्रह हैं : दिनगुलि रातगुलि (1956), निहित पाताल छाया (1967), श्रेष्ठ कविता, कविता संग्रह-1, कविता संग्रह-2, 'मूर्ख बड़ो' सामाजिक नॉय (1974), बाबरेर प्रार्थना, (1976) प्रहर जोड़ा त्रिताल (1980), मुख ढेके जाय विज्ञापने (1984) आदि। नये संग्रह हैं 'बहु सुर स्तब्ध पोड़े आछे' और 'शुनि शुधु नीरव चित्कार'।

गद्यकृतियों में से कुछ चर्चित पुस्तकें हैं : कालेर मात्रा ओ रवीन्द्रनाथ, नि:शब्देर तर्जनी (1971), दामिनीर गान, छंदेर बारांदा (1971), बोइयेर घर, ओकांपोर रवीन्द्रनाथ (1973), उर्वशीर हाँसी (1981), निर्माण आर सृष्टि, बटपाकुरेर फेना, आदि। बच्चों की सरस रचनाओं के लिए भी ख्यात। उनके लिए, विद्यासागर (जीवनी), राग करो न रागुनी, शब्द निये खेला (कविता संग्रह) आदि कुछ चर्चित पुस्तकें हैं। विश्व कविता से भी बांग्ला में कुछ अनुवाद। कोलकाता में निवास।

प्रयाग शुक्ल

जन्म : 28 मई, 1940, कोलकाता। कवि, कथाकार, कला समीक्षक, निबन्धकार, अनुवादक और सांस्कृतिक विषयों के टिप्पणीकार। 'कल्पना', 'दिनमान', 'नवभारत टाइम्स' के सम्पादक मंडल में रहे। राष्ट्रीय नाट्य विद्यालय की पत्रिका, 'रंगप्रसंग' और संगीत नाटक अकादेमी की पत्रिका 'संगना' के प्रथम सम्पादक। ललितकला की पत्रिका 'समकालीन कला' के प्रथम दो अंकों का भी सम्पादन। 'यह जो हरा है' समेत दस कविता संग्रह, पाँच कहानी संग्रह, छह यात्रा वृत्तान्त, और 'गठरी' समेत तीन उपन्यास प्रकाशित हैं। कला, रंगमंच, और फिल्म माध्यमों पर बहुतेरा लेखन।

रवीन्द्रनाथ ठाकुर की 'गीतांजलि', और उनके 'गीत वितान' से लगभग दो सौ गीतों का अनुवाद। बांग्ला से ही बंकिमचन्द्र के निबन्धों के अनुवाद पर साहित्य अकादेमी का अनुवाद पुरस्कार। जीवनानन्द दास की कविताओं के अनुवाद भी प्रकाशित हैं। 1984 में आयोवा विश्वविद्यालय (अमेरिका) के क्रिएटिव राइटिंग प्रोग्राम में भागीदारी। द्विजदेव सम्मान, शरद जोशी सम्मान, श्रीनरेश मेहता बाङ्मय स्मृति सम्मान आदि पुरस्कार प्राप्त हुए हैं।

विश्व कविता से कई अनुवाद। बच्चों के लिए लिखने में भी विशेष रुचि है। 'मिश्का झूल रही है झूला' समेत बाल-गीतों के कई संग्रह हैं। दिल्ली और भोपाल में रहकर स्वतंत्र लेखन।

मेघ जैसा मनुष्य

शंख घोष

मूल बाँग्ला से अनुवाद

प्रयाग शुक्ल

राजकमल पेपरबैक्स

राजकमल पेपरबैक्स में
पहला संस्करण : 2018

राजकमल पेपरबैक्स : उत्कृष्ट साहित्य के जनसुलभ संस्करण

राजकमल प्रकाशन प्रा. लि.
1-बी, नेताजी सुभाष मार्ग, दरियागंज
नई दिल्ली-110 002
द्वारा प्रकाशित

शाखाएँ : अशोक राजपथ, साइंस कॉलेज के सामने, पटना-800 006
पहली मंजिल, दरबारी बिल्डिंग, महात्मा गांधी मार्ग, इलाहाबाद-211 001
36 ए, शेक्सपियर सरणी, कोलकाता-700 017

वेबसाइट : www.rajkamalprakashan.com
ई-मेल : info@rajkamalprakashan.com

बी.के. ऑफसेट
नवीन शाहदरा, दिल्ली-110 032
द्वारा मुद्रित

मूल्य : ₹99

MEGH JAISA MANUSHYA
Poems by Shankha Ghosh
Translated by Prayag Shukla

ISBN : 978-93-87462-51-9

मौन की संकेत पताका

एक बार एक बच्ची ने एक पहेली पूछी—वह क्या चीज़ है जो एक भी शब्द बोलने पर ग़ायब हो जाती है? यह काफी कठिन सवाल था, और है।

दार्शनिक किर्केगार्द ने कुछ और ज़्यादा कठिन प्रश्न उठाया था, जब उन्होंने अपनी डायरी में लिखा—एक नश्वर मनुष्य को क्या यह अधिकार है कि वह अन्य मनुष्यों से ईश्वर की चर्चा करे? क्योंकि तब, उसने सोचा, उस असीम के साथ जोड़नेवाला सूत्र टूट जाता है, और मौन ही वह सूत्र है।

लेकिन क्या शब्द ही मौन को नहीं रचते?

हम कितना चाहते हैं कि अनौपचारिक अभिव्यक्ति से ही काम चला सकें, जो सहज और फिर भी आत्मीय हो, स्पष्ट और सरल। यहाँ तक कि शब्द भी बिल्कुल आड़े न आयें और आधुनिकता के प्रपंच से रहित हों। पर कुटिल प्रवृत्तियाँ आज के समाज पर शासन करती हैं, पाखंड का फण और फैल रहा है—इन दिनों शायद ही कोई दूसरे की आँखों में झाँकता हो। हर कोई लोगों के

बीच परेशान चेहरा पहनना चाहता है, जैसे किसी अनजाने समूह में हो। ऐसे में क्या हो कविता की प्रासंगिकता और भूमिका?

हर थका देनेवाले दिन के बाद रात अवसाद और व्याकुलता लेकर आती है। शब्द और शब्द, केवल। जैसे कभी कहीं मौन नहीं था—कभी भी—जैसे कभी किसी हाथ ने दूसरा हाथ नहीं छुआ था। वह मौन, जिसकी खोज में तुम थे, हवा में ग़ायब हो गया है और क्या तुम्हें इसकी बिल्कुल परवाह नहीं! हमारी आँखें नहीं मिलतीं, हम सिर्फ़ एक-दूसरे का चेहरा देखते हैं। और चूँकि हम यह बात ठीक से जानते हैं, हम अपने चेहरों पर झूठी-सच्ची कहानियों के लेप चढ़ाकर घूमना पसन्द करते हैं, जैसे लड़कियाँ शाम का मेकअप करती हैं। पर आत्म-आख्यान कैसे सम्भव हो? ऐसा लगता है, लेप के बजाय मुखौटा बेहतर है। क्या किसी कविता के लिए एक बहुउद्देशीय मुखौटे से बेहतर कुछ हो सकता है—अपने को भीड़ में छुपाने के लिए? हम चाहते हैं कि अपने को हरे शब्दों और कोमल जीवन के पर्दे के पीछे छुपा सकें। इसीलिए कविता मौन है और ख़ामोश कविता हमें रचनी है। सिर्फ़ शब्दों को ही यह आता है कि मौन का तत्व धारण कर लें, बिना आध्यात्मिक जगत् से रिश्ता तोड़े। इसके लिए छुपने की असहनीय जगह पर से जी-तोड़ कोशिश करनी होगी। असह्य, क्योंकि आदमी के लिए सबसे कठिन है, गुमनामी सहन करना। लेकिन चूँकि आज मनुष्य ने कवि को ढँक लिया है, कवि के पास इसके अलावा कोई चारा नहीं है कि वह आदमी का आख़िरी उत्तराधिकार स्वीकार करे और उसे ढोये। गुमनामी

की सीमाएँ पार करते ही एक जीव दूसरे का नैकट्य पाना चाहता है। दूसरी तरह से, सहनशीलता अपनी सीमा पार कर जाती है—लेकिन उस असह्य अन्धकार में भी वह दिनचर्या का एक मुखौटा रखे रहेगा, वह पहचाना नहीं जायेगा और कोई अँगुली उसकी ओर नहीं उठेगी—'देखो'! वह कवि आ रहा है! सिर्फ़ तब मौन कविता जन्म लेगी।

क्या ऐसा नहीं लगता कि जीवनानन्द से हम कोई काम की बात नहीं सीख पाये? उनकी कविताई, लिबास की सारी शिल्पगत बुनावटें और कशीदाकारी, आज की कविता के शरीर पर सज्जाएँ बन गयीं। चीज़ें—सम्मानजनक लेकिन अनिवार्य—जो उनकी कविताओं में बहुत निजी थीं, समकालीन लेखन में प्रदर्शनी के लिए सजा दी गयी हैं, जैसे किसी अजायबघर में कफ़न जमा रखे हों। उनका ख़ामोशी का पारदर्शी परदा कहाँ गया? वही चीज़ थी उनकी कविता में जिसकी पूजा की जानी चाहिए थी।

हर चीज़ इतनी सस्ती हो गयी है। हम चिंगारियों की तरह यहाँ-वहाँ छिटक गये हैं और सड़कों के बीचो-बीच बिखर रहे हैं। क्या हम अब अभिमान और उदासीनता का ही आह्वान नहीं कर रहे? हमारी अलिप्तता के, कृपण हैं बिना शामिल हुए। हम डरते हैं कि यदि हम सड़क की भीड़ में घुसे तो फेंक दिये जायेंगे। इसीलिए हम एक बालकनी में बैठे हैं, जो दूर है और फैशनेबल है, काग़ज़ के फूल की तरह। लेकिन हमें इस ऊलजलूल हड़बोंग के बीच में रहना है और वहाँ, उस शोरगुल में मौन की पताका उठानी है। कविता उस पताका की खोज में है।

क्या हम अपनी जननी, प्रकृति की ओर लौटें? लेकिन प्रकृति आपको कभी नहीं छोड़ती, उससे तो दिन-रात लड़ना होता ही है। आप उसके पास नहीं लौट सकते, वह इतनी वाचाल है। सिर्फ़ मानवीय हृदय मौन को अनुभव कर सकता है, सिर्फ़ उनके रिश्तों में मौन के बीज हैं, जैसा किर्केगार्द ने जाना था। बीज, जो सिर्फ़ तलाशते हैं। जीवन का सत्व- जीवन। मैं जीता हूँ, मैं हूँ—जब शब्द साँसों के आवर्तन में गूँजते हैं, सिर्फ़ तब, शब्दों का तोता एक अन्तहीन मौन की तरफ़ तिरना चाहता है। शायद अब कोई ऐसी कविता का कुछ पता दे—उत्कट धर्म की मौन, अनायास कविता, लगभग मृत्यु से मिलती-जुलती। डाली से तोड़ा जाकर जब कोई फूल किन्हीं हाथों में आता है, तो क्या इस पूरी प्रक्रिया में उसके गहरे मौन की एक सत्ता भी नहीं होती? 'डंगारेती' क्या ऐसी ही एक अनिर्वचनीय निर्गुण सत्ता की खोज में नहीं रहे? फूल जो सिर्फ़ मौन का दूसरा नाम है, जिसे उन्होंने मौन से बीना था, सिर्फ़ मौन में फेंक देने के लिए—जहाँ आवाज़ अपनी सुगठित ध्वनि पाती है, जहाँ गति निर्बाध रूप से अपने अन्दर विराम वहन करती है—कैसे हमें वह 'अव्यक्तता' मिले जो शब्द में वास करती है?

—शंख घोष

कवि शंख घोष और उनकी कविताएँ

शंख घोष की कविताओं का स्वर हमें सहज ही स्पर्श करता है। उसकी करुणा-संवेदना, उसकी भाव-प्रवणता और बुद्धि-वैभव अप्रतिम ही कहे जायेंगे। बाँग्ला में उनके लगभग तीन दर्जन कविता-संग्रह प्रकाशित हैं। इनमें से 'बाबरेर प्रार्थना' को वर्ष 1977 में साहित्य अकादेमी पुरस्कार प्राप्त हुआ था। उन्हें 'सरस्वती सम्मान' भी मिल चुका है। और वर्ष 2016 में वह ज्ञानपीठ पुरस्कार से अलंकृत हुए हैं। पर, उनको प्राप्त सबसे बड़ा पुरस्कार तो यही है कि वह बाँग्लाभाषी समाज में, और भारतीय साहित्य में, एक ऐसे कवि-लेखक के रूप में समादृत हैं जिसने सतत् और प्रवाही रूप से ऐसे साहित्य की रचना की है जिसकी मानवीय संवेदना-सिक्त ऊर्जा और बुद्धि-वैभव की प्रखरता अनूठी है। और जिसकी नैतिक सम्पन्नता बहुतों को एक सम्बल की तरह उपलब्ध है। वह जितना बंगाल में पढ़े जाने जाते हैं, उतना ही बाँग्लादेश में। अंग्रेजी तथा कई विदेशी भाषाओं में वे

अनुदित हुए हैं, और भारतीय भाषाओं में भी उनकी रचनाओं के कुछ न कुछ अनुवाद उपलब्ध हैं।

उन्होंने एक लम्बा समय कोलकाता में ही गुजारा है। वहीं कॉलेजी शिक्षा (प्रेसिडेंसी कॉलेज) और विश्वविद्यालयी शिक्षा प्राप्त की है। और वहीं कुछ कॉलेजों में बाँग्ला साहित्य का अध्यापन करने के बाद वे जादवपुर विश्वविद्यालय से भी एक लम्बे समय तक जुड़े रहे हैं। वह रवीन्द्र-साहित्य के गहरे अध्येता हैं, और रवीन्द्रनाथ के गीतों, नाटकों आदि पर उनकी पुस्तकें भी हैं। इसी तरह वे जीवनानन्द जैसे कवि के जीवन और काव्य पर बहुत कुछ सोचते-विचारते रहे हैं, और उन पर एक पुस्तक भी सम्पादित की है। स्वयं, कविता और काव्य-तत्व को लेकर उनके सरोकार गहरे हैं, और उनके बहुतेरे निबन्ध कविता पर भी हैं। अपनी एक पुस्तक में उन्होंने अपनी कुछ चुनी हुई कविताओं की रचना-प्रक्रिया पर लिखा है।

वे एक गद्यकार भी हैं। और विविध विषयों पर उनका गद्य, बाँग्ला भाषा को बड़ी सहजता-सरसता से बरतता है। रोज़मर्रा की साधारण चीज़ों से लेकर जीवन की कई प्रकार की आशंकाओं-अकांक्षाओं के मर्म में वे उतरते हैं—गद्य और पद्य दोनों में। उनकी एक सरस पुस्तक, पुस्तकों की दुनिया पर भी है, जिसका नाम है 'बोइयेर घर' (पुस्तक का घर)

उन्हें पढ़ते हुए एक निर्मलता (पवित्रता का भी) बोध होता है। स्वभाव से वे एकान्तप्रिय हैं, अन्तर्मुखी भी, पर, उनके घर में 'अड्डा' भी जमता रहा है, और उसमें कोई भी पाठक, साहित्य-रसिक, शामिल हो

सकता था। सभाओं में वे पिछली क़तार में बैठना पसन्द करते हैं, और जब बोलते हैं तो वह एक 'दुर्लभ' अवसर होता है।

आज से कोई पैंतीस वर्ष पहले उनकी दो-तीन कविताओं का मूल बाँग्ला से अनुवाद किया था, और इसके लिए उनकी अनुमति चाही थी। जवाब में एक सुन्दर पत्र मिला, और कविताओं के अनुवाद के लिए स्वीकृति भी प्राप्त हुई। फिर 1983 में भारत भवन (वागर्थ) की एक अनुवाद योजना के अन्तर्गत एक ऐसा संयोग बना कि उनसे साक्षात् मिलना हुआ। वे कोलकाता से भोपाल आये, मैं दिल्ली से भोपाल पहुँचा। हम कोई पन्द्रह दिनों तक तब, भोपाल में रहे। रोज़ ही उनके साथ बैठकर उनकी कविताओं के अनुवाद करता रहा। मेरे लिए वह एक अविस्मरणीय अनुभव बना। अनन्तर प्रकाशित होने वाली अपनी कुछ पुस्तकों में उन्होंने स्वयं (उस) भोपाल-प्रवास का ज़िक्र किया है। एक दिन हम साथ ही सांची भी गये। उस यात्रा में चित्रकार जगदीश स्वामीनाथन् और कृष्ण खन्ना भी थे। सांची की उस यात्रा पर शंख घोष ने बाद में एक कविता भी लिखी। वह इस संग्रह में है।

तब उनके साथ बैठकर जो अनुवाद किये थे वे राजकमल प्रकाशन की 'प्रतिनिधि कविताएँ' (1987) श्रृंखला में प्रकाशित हुए। उसी चयन में शक्ति चट्टोपाध्याय के अनुवाद भी थे—कवि केदारनाथ सिंह के किये हुए। यहाँ प्रस्तुत कविताएँ, नये-पुराने अनुवादों को मिलाकर हैं। उनसे भेंट होने पर प्रीतिपूर्वक वह मुझे अपने कविता-संग्रह विशेष रूप से भेंट करते रहे हैं। कुछ मैं

स्वयं अपने पुस्तक-संग्रह में जोड़ता रहा हूँ। यहाँ प्रस्तुत कविताएँ उनके 'कविता-संग्रह'-2, 'श्रेष्ठ कविता' 'आदिम' 'लतागुल्ममय' 'निहित पाताल छाया' आदि संग्रहों की हैं।

बाँग्ला भाषा में तत्सम शब्दों का प्रयोग अब भी बहुतायत से (होता) है। और शंख घोष उन्हें आम बोल-चाल वाले शब्दों के साथ रखकर जिस तरह बरतते हैं—उससे भाषा-प्रयोग की एक अद्‌भुत छटा के दर्शन होते हैं। शब्दों में भरी हुई ध्वनियों के साथ वह अर्थों-मर्मों को गुँजाते चलते हैं, जिनके कई स्तर और रूप बनते हैं। जनाकीर्ण कोलकाता की पुरानी गलियाँ और सड़कें अगर उनकी कविता में हैं, तो उतनी ही मात्रा में प्रकृति की, पशु-पक्षियों की बहुविध गतिविधियाँ भी, मानवीय मर्मों से सम्पृक्त होकर उनकी कविता में आती हैं। इस संग्रह में प्रकाशित 'जाम' (आशय 'ट्राफिक जाम' से है) में इसे हम विशेष रूप से लक्ष्य कर सकते हैं। उनके काव्य सरोकार बड़े और विस्तृत हैं। वह राजनीति में 'इस' या 'उस' के पक्षधर कभी नहीं रहे, पर, एक कवि और बुद्धिजीवी के रूप में उनका क़द इतना बड़ा है, बंगाल में ख़ास तौर पर, कि उनकी बातें सामाजिक-राजनीतिक जीवन, दोनों को प्रभावित करती हैं।

सभी पाठकों को वे इतना प्रिय हैं कि कई बार कोई साहित्य-प्रेमी ही पत्र-पत्रिकाओं में बिखरी हुई उनकी रचनाओं को एकत्र कर, उन्हें सौंप देता है कि कृपया इन्हें एक पुस्तक में संकलित कर लें। यानी निबन्धों-टिप्पणियों की पुस्तक बनाएँ तो इन्हें भूले

नहीं। और अगर कोई रचना (पत्र-पत्रिकाओं में प्रकाशित) उन्हें अपने काग़ज़ों में मिल नहीं रही होती है तो उसे कहीं से खोजकर लाने वालों की कभी कमी नहीं रहती है।

जहाँ तक मेरी जानकारी है वे मोबाइल का इस्तेमाल नहीं करते हैं। उनके लैंडलाइन पर कोई फ़ोन करे तो प्रायः स्वयं ही उठाते हैं, और उनकी भारी गहरी आवाज़ सुनायी पड़ती है। उनके साथ कुछ समय गुज़ारना, कई स्तरों पर समृद्ध होना है। साल-छह महीने में जब भी मेरा कोलकाता जाना होता है तो उनके घर पर कुछ समय अवश्य ही बिताने की इच्छा रखता हूँ।

वे 'गम्भीर' व्यक्ति हैं, पर, आत्मीय जानते हैं कि उनमें हास्य-विनोद के भी पर्याप्त गुण हैं। (ये गुण उनकी रचनाओं में भी 'शालीन' ढंग से प्रकट होते हैं।) शंख घोष विश्व साहित्य के भी गहन अध्येता हैं। उनका एक पक्ष (या कहें रचनात्मक काम) बच्चों के लिए लिखना भी है। 1994 में बाँग्ला की प्रतिष्ठित पत्रिका 'अनुष्टुप्' ने उन पर एक विशेषांक निकाला था, जिसमें बाँग्ला के कई विशिष्ट लेखकों ने उनके कामकाज पर लिखा था। इसमें आलोकरंजन दासगुप्त ने (जो शंख घोष के आत्मीय और निकटतम मित्र हैं) उनके कई गुणों को याद किया था। इनमें से एक था 'कर्तव्य-बोध'। हर मामले में 'कर्तव्य-बोध'—चाहे वह कवि-कर्म का हो या अध्यापन का, या फिर लोगों से, अपने पाठकों से, मानवोचित सम्बन्ध बनाने का।

समय-समय पर शंख घोष के व्यक्तित्व और काव्य पर बाँग्ला में बहुत कुछ लिखा गया है। और

उनके कवि-कर्म पर बीसियों निबन्ध उपलब्ध हैं। उनकी कविताओं के रिकॉर्ड भी बने हैं, और उन्होंने रवीन्द्रनाथ ठाकुर की रचनाओं का पाठ भी किया है। सतीनाथ भादुड़ी की ग्रन्थावली के वह भी एक सम्पादक (रहे) हैं। उनकी कृतियों और उनके किये हुए कामकाज की सूची वास्तव में बहुत लम्बी है। उन्होंने बच्चों के लिए भी कविताएँ लिखी हैं, और इनके कई संग्रह उपलब्ध हैं। उनकी कृतियों में से कुछ के नाम हैं : 'शंख घोषेर श्रेष्ठ कविता', 'कविता-संग्रह'—1 और 2, 'निहित पाताल छाया', 'एखन सब अलीक', 'आदिम लतागुल्ममय', 'नि:शब्देर तर्जनी',—(कविता-संग्रह) 'बोईयेर घर', 'कवितार मुहूर्त', 'कविर अभिप्राय', 'दामिनीर गान', 'कालेर मात्रा ओ नाटक' (आलोचना/ निबन्ध)।

अन्त में इतना और, कि बाँग्ला से हिन्दी अनुवाद में एक कठिनाई है। बाँग्ला में जहाँ विभिन्न विभक्तियाँ संज्ञा पद के साथ जुड़ी रहती हैं, वहाँ हिन्दी में विभिन्न विभक्तियों के कारण संज्ञा एवं सर्वनाम आदि पदों का परस्पर विच्छेद हो जाता है। यथा, बाँग्ला में हैं— 'शीते' (शीत में), 'राते' (रात में) वग़ैरह, जब कि हिन्दी के रचाव में एकाधिक पदों का प्रयोग होता है। पर, कोशिश की है कि इस कठिनाई से पार पाकर अनुवादों की निकटता 'मूल' के साथ बनी रहे। शंख घोष की कविताओं की जड़ें बाँग्ला-संस्कारों, बाँग्ला-कविता की परम्परा और बंग-भूमि में गहरी हैं। पर, एक बार फिर याद कर लें कि उनकी कविता के सरोकार सीमित नहीं है। वह सिर्फ़ स्थान, सन्दर्भ-संकेत वग़ैरह में ही बँधी

नहीं है। बहुत अच्छे अर्थों में वह भारतीय कविता है। सार्वजनीन भी। 'हमको नहीं दी कोई आज भी', 'घर-2', 'मेघ जैसा मनुष्य' और 'भाषा' आदि कविताएँ इस बात को बखूबी चरितार्थ करती हैं।

उम्मीद करता हूँ कि इस संग्रह की कविताएँ पाठकों को अपनी ओर आकर्षित करेंगी, और इनमें वे उनके मानवीय और सामाजिक सरोकारों को चिह्नित करते हुए, ऐसा काव्य-आस्वाद पा सकेंगे, जो शंख घोष जैसा ही समर्थ, स्वाभाविक कवि (नेचुरल पोएट) दे सकता है।

27 फरवरी, 2017 **—प्रयाग शुक्ल**

अनुक्रम

मेघ जैसा मनुष्य

मेघ जैसा मनुष्य

गुज़र जाता है सामने से मेरे वह मेघ जैसा मनुष्य
लगता है छू दें उसे, तो झर पड़ेगा जल

गुज़र जाता है सामने से मेरे वह मेघ जैसा मनुष्य
लगता है जा बैठें पास में उसके तो छाया उतर आएगी

वह देगा या लेगा? आश्रय है वह एक, या चाहता आश्रय?
गुजर जाता है सामने से मेरे वह मेघ जैसा मनुष्य

सम्भव है जाऊँ यदि पास में उसके किसी दिन तो
मैं भी बन जाऊँ एक मेघ।

भय

मोड़ पर सी आई टी, रोड के हाथ फैला
सो रही है मेरी बेटी फुटपाथ पर
छाती के पास है कटोरा एनामेल का।

हुई है दिन भर आज वर्षा उसकी भिक्षा के ऊपर
समझ नहीं पाया इसीलिए कौन-सा था उसका रोना
और कौन-सा वर्षा-स्वर।

उस दिन खो गयी, थी वह जब
गलियों के चक्र में
रो उठी थी
जैसे रो पड़ती हैं लड़कियाँ बेसहारा।

कहा था तब भय कैसा
मैं तो पीछे ही था तेरे।

पर होता है भय मुझे भी
जब वह जग जाती है सो
और फोड़कर मेघ को
उसके होंठों के कोने पर आ रहता है
एक टुकड़ा प्रकाश का।

सहज

मैं ही समझता कम बाक़ी सब लोगों से, तभी
तो अचम्भित हो, मेरे बायें आकर,
हँसते हो, जाते हुए धौल जमा पीठ पर,
'क्या इतना सहज है?' कहते तुम।

बचता क्या बाक़ी फिर?
कहने को बचता क्या बाक़ी फिर मेरे लिए?
बोध अपराध का,
भर उठता दोनों ओर मेरे क्यों?
बनकर के काँसफूल?
उतरती शरदबेला झुकती हुई मेरे शरीर पर,
होऊँ मानों मैं ही शस्यभूमि

इतना नहीं है सहज, जाता हूँ भूल मैं
यह भी बीच-बीच में!

आलस्य

उस सबकी चिन्ता करो नहीं, उस सबका तो कोई अन्त नहीं
छोड़ो, आओ देखो बैठो यहाँ
देखो यह, किसी एक छोटी-सी चीज़ को
और बड़ा करते ही
लगने क्यों लगता है अशालीन
वहाँ दूर भय से वे चले गये दौड़ते माटी में
छाती में तुम्हारी भी होता क्यों कम्पन
आँखों में छाया आलस्य का भार यह
फिर भी क्यों होती यह चाहना
ठीक-ठाक सब कुछ है ना!

खुलते ही जाते पथ तोरण

बाँचेगा चिट्ठी यह कौन कहाँ यह तो न जानता
लेकिन यह लिखनी ज़रूर है

लिखनी है, समय हुआ लिखने का,
उठ पड़ना होगा अब

छोड़ना नहीं बाक़ी कोई भी कामकाज
झुककर जल छाया में मुख सबका देखना
मुख पर सबके पड़ती अपनी भी छाया
कितने जन कितने दिन घिरे हुए
बँधा हुआ अविरल विश्वास

आया सब इतना कैसे पास? जमा हुआ
अब सब लिख़ डालना
लिखना है मैं भी हूँ उत्सुक, मैं तुमसे मिलने को,
मिलाने को हाथ। जिसको यह लिखना है सम्भव है

वह भी हो चलता चला आता इतने दिनों से

खुलते ही जाते पथ तोरण सब स्वप्न में
सजे हुए खुलते ही जाते वे!

आकंठ भिक्षुक

आकंठ भिक्षुक, कहो कुछ कानों में
गृहस्थ के, उसकी स्थिरता सब
भंग करो, कार्निश से उसकी
झरा दो प्रपात,
बंशी बजाओ भेद तन मम उसका
गुनगुन नचाओ उसे, पथ पथ पर भीड़ जहाँ
देखो तब भी कितनी बची हुई
उसके शरीर से लगी हुई
मोह-सिक्त मूर्खता!

क़तार

बढ़ो ज़रा आगे को आगे को
सरको एक, खड़े हुए वहीं-कहीं देर हुई
खोलो यह कुंडली, सरको कुछ!
मानुष, माछी*, अन्धकार, मानुष,
माछी, अन्धकार
सर्पिणी क़तार, कुछ सरको तो आगे को!

जल के संग सम्मुख हो स्रोत के
मुख के संग सामने प्रकाश के
मानुष, माखी, अन्धकार सरको कुछ

सरको कुछ आगे को, आगे को सरको...

---

* माखी

तुम

दूर-दूर तक खूब घूमता
दिन-दिन-भर मैं तिरता फिरता
रस्ते-रस्ते
लेकिन घर पर लौट ढूँढती आँखें तुमको
यदि न दिखीं तुम,
तुम!
मन बुझ जाता।

एक कविता

लगता है भूल बड़ी कोई हो गयी कहीं
देना था किसी को कुछ? करना था कुछ?
गिर पड़ती अटकी बूँद घास पर,
भीगी हुई शाम में, समेटे पंख रोशनी।

हवा

हुआ तो हुआ, नहीं तो नहीं
रखना जीवन को
इसी तरह
यही नहीं, सीखो कुछ
रस्ते पर, गुमसुम
बैठी भिखारिन की आँकों के
धीर प्रतिवाद से

है, यह सब भी है।

छुट्टी

शायद वह आया था। मैंने पर देखा नहीं।
क्या वह अब चला गया बहुत दूर ?

जाना जाना। जाना।

तैयारी पूरी है। केवल है लेनी विदा,
आँखें सब पर टिकीं,
जाती बेला प्रणाम।

नाम क्या ?
मेरा तो नाम नहीं कोई भी, नावें दो बँधी हुई,
दूर जाल फेंका समुद्र में है सबने

छुट्टी, प्रभु, छुट्टी।

शिल्पी

पड़ता आलोक मध्य रात्रि का मुख पर
रहता आधा अपने में ही घिरा।
तुम हो दिशाहारा अब भी जानते नहीं
तारा कौन कहाँ मरा बचा कहाँ कौन।
वामन सम चलते हो कभी-कभी
कभी-कभी अग्रदूत बनकर वसन्त के
कभी-कभी लगते हो अपने ही बहुत बड़े प्रेत से।
रंग और ध्वनि की निरंजन वह श्वास
उड़ जाती कुछ तो कुछ रह जाती पड़ी यहीं
निज को ही जानते? जानते तो कितना?
तुम ही बस चित्र वही मीडिया
बना देता जितना।

सिल्चर

किसने कहा यह मेरा नहीं ? नहीं यह तुम्हारा ?
यहाँ पाँव रखते ही छिन जाती छिन्नता।
तार मिल जाते सब मेरे तुम्हारे मुहूर्त में।
उठतीं सिहरतीं सब लहरें आनन्द की सिर से ले पाँव तक।
रहता है बहता स्रोत बराक नदी का
पर्वती छाया में जल भीगी आँखों में तुम्हारी
सर्पिल लावण्य वह जमा हुआ
बीच पत्थरों के,
नाचता जैसे कि संयुक्ताक्षर शक्ति के शब्दों में।
छाती में उग आता परिचित पुराना पेड़
विस्मय-सी शाखाएँ रहतीं झूल
इस देश उस देश
समय गढ़ देता शिल्प प्रकृतिमय
हो उठती शिल्पमय प्रकृति!

निग्रो बन्धु को चिट्ठी

रिचर्ड, नाम यह तुम्हारा, शब्द मेरा भी।
रिचर्ड रिचर्ड।
रिचर्ड कौन? कोई नहीं? रिचर्ड मेरा शब्द नहीं।

रिचर्ड, नाम यह तुम्हारा, स्वप्न मेरा भी।
रिचर्ड, रिचर्ड।
कौन रिचर्ड? कोई नहीं? रिचर्ड मेरा स्वप्न नहीं।

रिचर्ड, नाम यह तुम्हारा दुःख मेरा भी।
रिचर्ड रिचर्ड।
रिचर्ड कौन? कोई नहीं? रिचर्ड मेरा दुःख नहीं।

संगिनी

हाथ पर रखना हाथ सहज नहीं
सारा जीवन देना साथ सहज नहीं
बात लगती यह सहज, जानता न लेकिन कौन
सहज बात होती उतनी सहज नहीं।

पाँवों के भीतर चक्कर मेरे, चक्कर है
उनके नीचे भी, कैसा नशा है यह, इसके तो सभी ऋणी।
झिलमिल-सी दुपहर में भी रहती ही है साथ
गंगा तीर वाली चंडालिनी।

वही सनातन अश्रुहीना, आसहीना तुम ही तो हो
संगिनी मेरे हर समय की, है ना?
तुम मुझको सुख दोगी यह तो सहज नहीं
तुम मुझको दुःख दोगी यह भी सहज नहीं।

घर-2

जो चाहे आना उसको लाना
जो चाहे आना उसको लाना
जो चाहे आना उसको लाना
घर के ही आसपास कितने तो लोग

जो जाये दूर बहुत दूर बहुत दूर
जाये घूमे-फिरे
उसको लाना घर लाना घर लाना
घर के ही पास में हैं घर के ही लोग

फिर क्यों जाते-जाते उल्टी दिशा में
उल्टी दिशा में
चाहो तुम दल-बाँध घर ही जलाना ?

कबूतर

उस कबूतर ने पास आ मेरी ही कार्निश के
दिखाया मुझे निज को। इस तरह देखा था क्या कभी?
उसकी कोमलता को जानता। दुपहर को दूर चली जाती
स्वर ध्वनि उसकी पार कर पहाड़ देशकाल
जानी है।
वे सब नहीं हैं सुख-रेखाएँ
छाती में उसकी श्वेत, कितने ही नख-क्षत
देख लिये मैंने आज,
जैसे हो उठाये हुए कितने ही मेघ भार
छोटी उस छाती में—
चाहता चुम्बन वहाँ, मेघों को फोड़कर चाहता
होना वृष्टि, खोलकर डैनों को चाहता झर जाना
झर जाना अन्तिम बार गेरुआ माटी में—
छुऊँगा नहीं उस कबूतर को और कभी आगामी शीत में।

चाभी

जाली दस्तख़त, जाली दस्तख़त
बना लिये हैं मेरे जाली दस्तख़त—
कहते-कहते गया पकड़ने चोर
पलटकर देखा क्या पर
वह तो मैं ही
यह तो मैं ही
मैंने ही करके दुःस्साहस
बना लिये हैं अपने जाली दस्तख़त
अपने सर्वनाश की चाभी—जाली—
ख़ुद मैंने ही गढ़ डाली।

एक कविता

कहकर बताता या लिखकर या करके स्पर्श
लगता है भूल हुई मेरे समझाने में, यह तो नहीं चाहा था कहना
अन्त में सभा के जब काग़ज़ ले हाथ में जाते हैं लोग तब
लगता है, कहूँ मैं पुकार कर : आइये, सकूँगा कह
मैं अबकी बार।

नाम

डालना नहीं मुझ पर और कोई दबाव।

खुलने दो शब्दों को, खुल-खुल वे जाते हैं।
जैसे कि भोर।

जैसे कि बहुत दूर ले जाकर
पत्थर को निर्जन में करती है
कल-कल शब्द धारा

घर में दिगन्त के चुपचाप
मिट जाता नाम यह हमारा।
माथे पर घास के धीरे-से
आता उतर हलका-सा नील रंग।

डालना नहीं मुझ पर दबाव और कोई
फिर किसी दिन।

वृष्टि

दुख के दिन मेरे तथागत हैं
सुख के दिन मेरे भासमान
ऐसी वर्षा के दिन रह-रह रस्ते-रस्ते
दिन, ध्यान मृत्यु का अपनी, मन में आता है

जल भरे खेत सुख के फिर से
दुख-धान भरे फिर एक बार
ऐसी वर्षा के दिन लगता—है नहीं जन्म का मेरे
कोई अन्त कहीं।

एक कविता

गान नहीं कोई अब मेरे शरीर में। आते हैं लकड़हारे
ले जाते काटकर सूखी सब डालें
रखते फिर डाल उन्हें, खुले मैदान में, पश्चिमी किनारे पर
धूल सने पाँव लिये आते हैं लोग दूर-दूर से
करते क्रय-विक्रय।

घर

मन-ही-मन
रहा हूँ खोज घर
एक, बहुत दिनों से।
जाऊँगा जाने कब
डूब मैं
प्रकाश की तरलता में!

घर क्या मिला तुम्हें?
घर तो लिया है ढूँढ
बहुत दिन पहले—
मन-ही-मन,
चाहिए घर—दुनिया के बाहर।

ग्रह

इस ग्रह के कोई नहीं हो तुम लगता यह रहता।

मेघों में आलोक। पर्वत की गोद में
हाथों में लिये हुए बैठे हो हरी-हरी रेखाएँ
चाहूँ मैं मुझको ही घेरकर तुम्हारा भी
छाया-पथ जाग उठे।
आँखों में सुश्रुवा का भाव जो तुम्हारी
वह आकर समा जाये मेरे शरीर में
बूँद एक बनकर।
फिर तुम बचे कहाँ!
तुम हो बस माटी में पत्थर में
घास के ऊपर सिहरता वृष्टि जल
इस ग्रह के कोई नहीं हो तुम
फिर भी यह ग्रह है तुम्हारा।

अब भी है

अब भी हैं वे कीर्तन? अब भी वह नाम।
है प्रवाह वैसा ही? अब भी वह राह?
नहीं, नहीं ज्यों की त्यों रहने की भी थी न बात।
पार किये पथ कितने, डैनों को खोल-मोड़,
एक और रूप लिये गाती वह जलवती आब भी तो।
तुमको है देखती? रखती क्या तुम्हें याद?
सोचा यह सब कहाँ, इस दुपहर आया जब
आज यहाँ,
मन में रखकर अपने इतना विश्वास
उठती यह देह जाग, आता हूँ
जब उसके पास।

संध्या नदी-जल

संध्या नदी जल! छूते हैं दोनों हाथ
स्रोत को तुम्हारे, साक्षी हो।
तर्पण के ऐसे दिन पार कर कितने ही मैदान
आया हूँ पास में बैठा हूँ दुःखों के किनारे तुम्हारे
इस भोर बेला में।
हैं वे भी बनकर यवनिका एक
यहीं कहीं जो अब रहे नहीं,
उनकी भी श्वासों को अंजलि बनाकर
मैं बैठा हूँ सोचता सम्बल बस मेरा
है स्थिर ही रहना। सम्बल हैं लता-फूल
अविकल पथ को घेरे,
संध्या नदी नाम मेरी नदी का है,
तुम हो उसी का तो जल!

काव्य-तत्व

कही थी कल क्या यह बात?
सम्भव है। लेकिन नहीं मानता उसे आज।

कल जो था मैं, वही हूँ मैं आज भी
इसका प्रमाण दो।

मनुष्य नहीं है शालिग्राम
कि रहेगा एक ही जैसा जीवन भर।

बीच-बीच में आना होगा पास
बीच-बीच में भरेगा उड़ान मन।

कहा था कल 'पर्वत शिखर ही है मेरी पसन्द'
सम्भव है मुझे आज चाहिए समुद्र ही।
दोनों में कोई विरोध तो है नहीं
मुट्ठी में भरता हूँ पूरा भुवन से।

क्या होगा कल और आज का योग कर
करूँगा भी तो करूँगा वह बहुत बाद में।
अभी तो रहा हूँ मैं सोच यही—
फुर्ती यह आयी कैसे विषम ज्वर में !

मिथ्या

यह मुख निर्मल नहीं
मिथ्या लगी इस पर
अच्छा नहीं पास में
जाना तुम्हारे अभी

तुम तो स्नेही सुदक्षिणा
मेघमय धार उतर आती
आज भी आँखों के जल से तुम्हारे
रुद्ध देश भर जाता पुण्य से।
फिर भी मैं दूर चला जाता
यह मुख निर्मल नहीं,
बोधहीन पीला शरीर
जाता थम, तापी तापी: तपस्विनी
तुमने दिया बहुत कुछ
मेरा तो समस्त ही
देना अभी बाकी।

जाम

भालू के पेट में भालू के तलुवे
स्थिर है काल जो असीम।
लटकाये गला है जिराफ़
उछल-उछल पड़ती जेब्रा क्रासिंग

हंस वे कई हज़ार
चाहते झपटना पंख दूसरों के
बालक भिखारी भरी दोपहर
डुगडुगी बजाता और गाता हुआ गाना।

रह-रह कर हिलता है माथा
चाहे हो तरुण, चाहे पुराना।
कंडक्टर कहता पुकार कर
पीछे से आगे हो जाना।

सूखा

गये सूख सबके सब नदी-नाले-पोखर
वे भी जो जल भरने आये थे
सूख गये
सूखे ज्यों पेड़ हैं
झिलमिल-झिलमिल करती
आगे बस रेत है।

अन्त नहीं, यह तो शुरुआत है
आगे भी रेत है जितनी हटाओ
फिर उतनी ही रेत है
रेत है रेत है रेत है
कभी और दुनिया यह, लगी नहीं थी
पहले इससे ज़्यादा ख़ाली।

भाषा

झुका हुआ बैठा हूँ, सड़क-किनारे मैं, हाथ में कटोरा,
आते-जाते लोग, बस आवाजाही ही, नहीं टेक गहरी

रेखा ही जल भरती—सूरज की, इसमें बस।
सम्बल न दूसरा, छोड़कर हवा को, जो सहलाती आँखें

हवा यही आँखों में तुम्हारे और उसके भी और उसके
फिर क्योंकर आपस में इतना अचीन्हापन।

लिपटा पड़ा धूल में, सूखी पर आँखें क्यों
क्यों गहरी नहीं टेक? क्योंकर हथौड़ी आलोक की

बज उठती टन्न-से, शून्य में? क्यों फिर झुकाये सिर
बैठा प्रतीक्षा में, मैं अविचल, हूँ इतनी देर से

आँखें हैं इधर-उधर घूमतीं, पथरीली आँखों में उठते बवण्डर
नाम नहीं लोगों के जानता, न ही भेद करुणा औ ' क्रोध में

यहाँ तक कि छूता नहीं हूँ मैं नीम या शिरीष को, डर लगता
डर लगता बोल कहीं उठें नहीं वे भी अंग्रेज़ी में।

हमको नहीं दी कोई आज भी

कटा हाथ, करता है आर्त्तनाद जंगल में
आर्त्तनाद करता है कटा हाथ—गारो पहाड़ में
सिन्धु की दिशाओं में करता है आर्त्तनाद कटा हाथ

कौन किसे समझाये और

लहरें समुद्र की, दिखातीं तुम्हें हड्डियाँ हज़ारों में
लहराते खेतों से उठ आतीं हड्डियाँ हज़ारों
गुम्बद और मन्दिर के शिखरों से, उग आतीं हड्डियाँ हज़ारों

आँखों तक आ जातीं, करती हैं आर्त्तनाद

सारे स्वर मिलकर फिर खो जाते जाने कहाँ
कंठहीन सारे स्वर
आर्त्तनाद करते हैं, खोजते हुए वे धड़,
शून्य थपथपाते हुए, खोजते हैं हृतपिंड

पास आ अँगुलियों के
करती है आर्त्तनाद अँगुलियाँ
नाच देख ध्वंस का
पानी के भीतर या कि बर्फीली चोटियों पर
कौन किसे समझाये और
करते हैं आर्त्तनाद अर्थहीन शब्द
और सुनते हो तुम भौंचक
हमको नहीं दी कोई आज भी
हमको नहीं दी कोई आज भी
हमको नहीं दी कोई मातृभाषा देश ने।

पत्थर

पत्थर, धरा है खुद मैंने यह छाती पर रोज़-रोज़
और अब उतार नहीं पाता।

धिक्! मेरी ग़लतियों, परे जाओ, तरो
मैं फर से शुरू करूँ,
फिर से खड़ा हूँ, जैसे खड़ा होता है आदमी।
तैरते हुए दिन और हाथों के कोटर में लिपटी हैं रातें
क्योंकर उम्मीद है, समझ लेंगे दूसरे?
पूरी देह जुड़कर भी जगा सकी नहीं है कोई नवीनता।

जन्महीन महाशून्य घेरे में,
बरसों तक पल-प्रतिपल
किसकी की पूजा?

अलग रहो, अलग रहो, अलग रहो, अलग रहो।

चुपके-से कहता हूँ आज, तू उतर जा, उतर जा
पत्थर! धरा था तुझे छाती पर,
मानकर देवता
अब मैं गया हूँ तुझे ठीक से पहचान!

किताबें

नींद में हैं मेरी किताबें सब इस समय, बीच में
उनके मैं बैठा हूँ गुमसुम
दरवाज़ा बन्द है। इनकी निःशब्द शान्ति
समो ले मुझे
उतर जाय माथे से भार कल का।

थोड़ी और चुप्पी, फिर छूता हूँ
एक को, कहता हूँ,
जागो, अब
और नहीं कोई!
चुपचाप पहचान चुपचाप—
तुम्हारे आनन्द में,
जागना मेरा!

भूमध्यसागर

मिले हम अचम्भा एक
ठंडे प्रदेश में
पश्चिम प्रवासी मैं, पूर्व की प्रहरी तुम।
भिन्न दिशाओं से, भूमध्यसागर में
हाथों से मिले हाथ
गहरे तक काँपकर
बोलीं तुम—
'यह क्या
सजे हो किस भेष में नसेड़ी तुम
कैसी कलंक-रेखा हाथों में तुम्हारे यह
देह छिन्न, ध्वस्त, त्रस्त, लुटी-पिटी भयभीत,
कितने दिन गये बीत
आये क्यों इस तरह?
स्तब्ध रातों में
जिसे रचती रही थी मैं
यह तो नहीं थी देह वह!
आये क्यों इस तरह?

किस धूसर तट पर मिले हैं हम,
इस गहरी ठंड में
पश्चिम-विलासी तुम, प्रहरी मैं
पूरब के दुःख की।'

ठीक, मुझे भान है,
हुआ एक अरसा, हम सम्मुख सहज होकर
बैठ नहीं पाये, पर
श्यामल तुम्हारा मुख प्रेरक है आज भी
चंचल है दृश्य-पट समुद्री हवाओं से
मेरुदंड घेर मैं फिरती लिये दावानल
फेंकता हूँ जाल भी समुद्र में,
छोड़ो हाथ
देखो बस उठी हुई तर्जनी
भूमध्यसागर की—नीलाभ
पूरब-पश्चिम नहीं, देखो दक्षिण-जगत्
उठता धधकता जो वनों को भेद
कौंधती अकल्पनी, अद्भुत दुनिया तीसरी
होता नत, उतर यहाँ
सम्मुख मैं उसके
भर उठती मेरी भी आँखों में ताँबई धरती
भले ही कलंकित हों हाथ ये,
उगती है फिर भी हमारी ही देह से दुनिया
भविष्य की!
डरो मत कलंक से,
दाह यह करेगा भस्म सारे कलंकों को

अग्नि-परीक्षा नहीं जानी हमने
इससे बड़ी कोई
हम-तुम कुछ भी नहीं, केवल है
एक झपक पलकों की
देश-देश जाते हम—आते हैं बार-बार
अंजुरी में रखते जो मिल-जुलकर प्रेम हम
वह तो नहीं है केवल जलांजलि,
बीज वह—जन्माता हममें से अद्भुत तृतीय भुवन
तभी तो तभी तो हम मिले हैं,
सागर के तट पर इस!

जैसे कि अगरुधूप, उड़ जाता मेघाछन्न दिन वैसे—
वैसे ही
देह आज, देखो तुम्हारी भी, अविच्छिन्न सागर के रंग से
मिले हैं तभी तो हम जैसे अचम्भा एक, भूमध्यसागर में
प्रेम यह हमारा न धूमिल न म्लान कभी,
तिल-तिल गलाते हुए, उड़ते दिनों में भी
बच जाता
अगर भ्रष्ट होऊँ मैं, तुम तो बढ़ाओ यह
आर्द्र हाथ अपना
व्याप्त करो मुझे और देश-देशान्तर में
गहरे और गहरे और
आँखों में भरने दो श्यामल तृतीय-भुवन
लहराता सागर-सा

लौटें हम—समय हुआ—होकर सहज, सादे,

आओ सँभालो अब हाथों में दुखियारा
अपना संसार यह,
लौटें हम, शेष हुआ, दिन देखो,
भूमध्यसागर में।

स्वप्न

अः, पृथिवी। अभी टूटी नहीं है मेरी नींद।

स्वप्न के भीतर है तुमुल पहाड़
परतों में खुली जा रही हैं उसकी पपड़ियाँ

खुली जा रही हैं हरी पपड़ियाँ, भीतर और भीतर,
खोल रही हैं अपने को,
बीच में उनके उग रहे हैं धान खेत

जब आएगी लक्ष्मी
लक्ष्मी जब आएगी

तब हाथों में लिये कृपाण, पाइपगन,
कौन हैं वे जो चले आ रहे हैं लूटने फसल
अः पृथिवी, अभी टूटी नहीं है मेरी नींद।

अंजलि

घर जाय प्रिय जाय परिचित जाय
सबको मिलाकर आय वह मुहूर्त
जब तुम हो जाते अकेले
खड़े हो उस मुहूर्त-टीले पर और
जल है सब ओर, जल, जल धारा
प्लावन में घरहीन, पथहीन प्रियहीन
परिचितहीन
तुम हो अकेले
शून्यतले महाकाल के
दो छोटे हाथों से पकड़े हुए धूल भरा माथा
जानते नहीं कब दोगे किसको दोगे
जाकर दोगे कब कितनी दूर।

छवि

कन्धे पर आड़ा, और पैरों पर
प्रणाम-सा,—सुबह का आलोक
दिन की ओर बढ़ने की छवि यह
अन्धकार से अन्धकार के फ्रेम में
जगी हुई।

बुढ़ियों की मंडली

जमी है बुढ़ियों की मंडली
घेरकर आग को,
घिरा है अँधेरा जल चौतरफ़ा
मथता पाताल भी

इर्द-गिर्द धुँधले जहाज़ के
तैरते शराबी
किसी को प्रकाश लगता,
किसी को अँधेरा।

रात की कुण्डली
कँपाता कुहासा
बुढ़ियों की मण्डली
तापती अतीत को!
बुढ़ियों की मण्डली
बुढ़ियों की मण्डली।

समय

तुम सब आये हो, इसीलिए कहता हूँ तुम सबसे,
अभी हुआ नहीं समय।

एक बार इसका मुँह, एक बार उसका मुँह ताकना—
अच्छा नहीं लगता यह प्रहसन मुझे।
जहाँ होगी मेरी क़ब्र, वहाँ आज जल देना गया भूल,
जो श्यामुख* गये थे तुम रख,
उनमें नहीं थी शंख-ध्वनि कोई!

तुम सब आये हो, तुम सबसे कहता हूँ
तना हुआ है समयविहीन जाल स्तब्ध—
ग्रह से ग्रह तक।

चाहिए मुझे निजता कुछ और अनदेखे समय की।

---

* छोटा शंख।

चींटियाँ

चींटियों, उगा लो पंख,
और नहीं सह सकता,
तुम्हारी क़तार यह, क़तार यह
देख नहीं सकता और।

खाना रखा है आलमारी में, पर वह तो रखा है मेरे लिए,
तुम क्यों खातीं उसे? बड़ी बुरी आदत यह।
आलमारी, प्लेटें, किताबें, बरामदा, उजाड़ मेज़पोश,
बिछौना भी चाहतीं अब रात का?

चींटियों, कहाँ है तुम्हारा बिल? उगाकर पंख
जाओ वहाँ, या फिर तुम,
डूब मरो जमुना में।
या फिर जलाओ आग, नाचो उसे घेर—
उगा लो पंख, उगा लो पंख, उगा लो पंख,
चींटियों, और नहीं सह सकता...सह सकता।

जल

ज्ञात है तुम्हारी व्यथा जल में ही?
जल को? जाओगे, उसी में क्यों—उसी में क्यों
त्यागकर निविड़ की सजलता यह?
आ लगता छाती से! पीड़ा से भर देता!
उसी में क्यों जाओगे? कन्धों से उतार कर
दिनों और रातों को?

इतनी देर

जाते सब वापस लौट अपनी राह, रात जब होती सघन
पलट कर पूछता अपने से थे साथ अब तक किसके
इसका मुँह उसका मुँह जिस-तिस का मुँह क्यों
जा तुम चूमते
जाते सब लौट जब लगता मुझे तब पास में नहीं मेरे
कोई पथ वापस लौट जाने का
उसकी ओर इसकी ओर जिस-तिस की ओर
चले क्यों जाते तुम
सब ही तो उठते प्रेत सम पाँवों पर अपने
रुद्ध श्वांसों वाले लैंप पोस्ट से
उनको वहीं छोड़, आता लौट घर अपने, कहता हूँ
खोलो दरवाज़ा
देते खोल जगती की नींद तोड़, क़दम वे नींद भरे,
सब के सब
सोचो तो सोचो ज़रा बोलो तो ये इतनी देर
तुम साथ में किसके!

सांची

गाड़ी से उतरे नहीं स्वामीनाथन्, दोनों हाथों में
उनकी काल की मदिरा ह्विस्की
संन्यासी से उनके जटाजूट पर
उतर रही है सन्ध्या

उस ओर दल-बल लिए फ़ाइन आर्ट्स
के डिरेक्टर समझा रहे हैं शिल्प
हल्के नि:श्वास से गेरुआ गम्भीर सांची स्तूप
ने पठायी एक लहर बहुत दूर

समय हुआ जब पीछे की ढाल की
आड़ हो सोया हुआ हूँ झरे पत्तों पर
उड़ा जा रहा है इतिहास
हमारे असहाय भारतवर्ष का!

बहुत मूर्ख है, दुनियावी नहीं है

बातें बस बातें कीं बड़ी-बड़ी बातें कीं,
चतुरता! क्या क्लान्ति-भर बाक़ी है
वापस घर आने पर।

यही मन करता है, नहा लूँ, जलाऊँ धूप,
बैठा रहूँ चुपचाप,
चुपचाप, नीले प्रकाश में।

चोंगा यह फेंककर पिशाच का,
बनूँ फिर मैं आदमी।
आर्द्र समय वह आता, उठती लहरें उसकी,
सोऊँ मैं उस अनन्त शैया में निर्विकार, निश्चिन्त!

ऐसा लगता सचमुच? चिन्ता फिर है किसकी?
चतुरता, चली जाओ
ज़्यादह से ज़्यादह यही तो कहेंगे लोग,
मूर्ख है बहुत यह, दुनियावी नहीं है।

कीड़ा

खा लो, खा लो, खाओ भीतर से
यह सीली हुई दीवार।
पहले थी सादी, भरोसे की,
पता नहीं भर गया पानी कब
छाती में इसकी।

जाला हटाकर यह, ताको आकाश में,
देखो, देखो फैली सामने पहाड़ियाँ।
आओ, यदि जोड़ सको खुद को तो जोड़ो
नहीं तो रहेगी बस राख आकाश की,
रहेगा घुसा हुआ कीड़ा दीवार में।

जाओ, दीवारों में घूमो,
खाओ, खाओ
घूम-घूम वह जो भुरभुरा
खाओ, खाओ, खा लो।

खुलते ही जाते पथ तोरण

बाँचेगा चिट्ठी यह कौन कहाँ यह तो न जानता
लेकिन यह लिखनी ज़रूर है

लिखनी है, समय हुआ लिखने का,
उठ पड़ना होगा अब

छोड़ना नहीं बाक़ी कोई भी कामकाज
झुककर जल-छाया में मुख सबका देखना

मुख पर सबके पड़ती अपनी भी छाया
कितने जन कितने दिन घिरे हुए
बाँधा हुआ अविरल विश्वास

आया सब इतना कैसे पास? जमा हुआ
अब सब लिख डालना

लिखना है मैं भी हूँ उत्सुक, मैं तुमसे मिलने को,

मिलाने को हाथ। जिसको यह लिखना है सम्भव है
वह भी हो चलता चला आता इतने दिनों से

खुलते ही जाते पथ तोरण सब स्वप्न में
सजे हुए खुलते ही जाते वे!

भागना

भागना है ? भागना ही। भागना
शहर छोड़, दल छोड़ भागना
मछली उछली उथले पानी भागना
मोल-तोल घनघोर भागना
आँख जलेगी, उन आँखों मत ताकना
लक्ष्मी फेंक गयी हाथों का कँगना
भाग ना, दौड़कर भागना
विद्या छोड़, सिद्धि छोड़ भागना।

भीड़

'उतरना है? उतर पड़िये हुज़ूर,
उतारकर चर्बी कुछ अपनी यह।'

'आँखें नहीं हैं? अन्धे हो क्या?'
'अरे तिरछे हो जाओ, ज़रा छोटे और।'

भीड़ में घिरा हुआ,
कितना और छोटा बनूँ मैं,
ईश्वर।

रहूँ नहीं अपने जितना भी—
कहीं भी,
खुले में, बाज़ार में, एकान्त में?

मेघ

ले आया मेघ घर वह हमारे लिए जाना-पहचाना।
आज इस काली भोर बेला में पहुँच सकता हूँ
उस देश ढेलकर दिनों का पहाड़। जाने कब
भागकर कौन किसको पकड़ ले, किसने जाना।
एक विदा से दूसरी विदा के बीच
है सरलरेखा-सा वह पथ
और उसके आख़िरी छोर पर खड़ा है दो
सौ वर्षों का बरगद पुराना।
कहता है वह इतना भय क्यों, आओ
इस जगह बैठो आकर—
आज मेघ से जाना प्रथम साहस का आना।

बुद्धू

कोई हो जाये यदि बुद्धू अकस्मात्, यह तो
वह जान नहीं पायेगा ख़ुद से। जान यदि पाता यह
फिर तो वह कहलाता बुद्धिमान ही।
तो फिर तुम बुद्धू नहीं हो यह तुमने
कैसे है लिया जान?

नींद

रात्रि अन्धकार में माटी-मुख धोया आकाश ने
जान नहीं पाये हम, हम तो थे नींद में।

रही थी जब घास नाच इस उससे लिपट कर
जान नहीं पाये हम, हम तो थे नींद में।

उस गहरी नींद में उतरी न वर्षा
हम भी उतरे नहीं वर्षा के बीच
तब भी गये हैं बीत निर्जन वे रात्रि-पहर

अलस्सुबह मन्थर आलोक यह कैसे कब
उतर आया आँखों पर—

जान नहीं पाये हम, हम तो थे नींद में।

नहीं

बेमतलब यह। दिन, फिर दो दिन, दो दिन, फिर दिन तीन
फिर क्या इसके बाद?
इक जन, दो जन, सज्जन, दुर्जन
फिर क्या इसके बाद?
यह चेहरा, वह चेहरा, चेहरे सब हैं एक समान।

तुम कहती थीं घर होगा—घर हुआ।
इसके बाद?
तुम कहतीं थीं प्रेम फलेगा--फला
फिर?
प्रेम कहाँ तक ले जायेगा?—अन्धकार भी जान सका कब,
उससे भी ज़्यादा ताकतवर,
कोई मेरे भीतर?

'नहीं', 'नहीं' के बाद 'नहीं', 'नहीं' के बाद 'नहीं',
'नहीं' के बाद 'नहीं'

इसके बाद ?
एड़ी से चोटी तक, चोटी से एड़ी तक,
फिर ?

दाग़

बँधी है छाती यह शहर के डामर से
उगती नहीं उसके ऊपर कोई घास अब
बुझा नहीं पाता किसी वृष्टि का जल
अन्तर को।

केवल पदचाप केवल पदचाप और अन्तःसारहीन?
कँपा-कँपा जाता पंजर-प्रकाश
भारी और मज़बूत टायरों का वेगमय उल्लास

फिर भी दिखाता हूँ उतारकर क़मीज़
कभी-कभी यहाँ देखो,
आज भी लगा है वह दाग़।

शून्य के भीतर ज्वार

कभी नहीं कहा कुछ?
कहना क्या हो नहीं गया सब कुछ का?

सामने तुम्हारे यों आना निःशब्द
यह भी तो कहना है एक!

नीरव निःशब्द इस देह से
और बड़ी भाषा है भला कौन?

देहहीन स्थिति में जागकर देह यह
पोंछ ही देती चराचर सब
बड़ी नहीं है इससे कोई यवनिका और।

चिता की रूपहली राख, झरा हुआ फूल
और जाती हुई अन्तिम ट्राम—
आश्रय की चाह सभी को है!

कहा नहीं पहले यह? तब कैसे ताकती रही
इतने दिन, जल के किनारे यह झुकी जवा?

जानते हो शून्यता बस! भीतर इस शून्यता के
है कितने ज्वार!
पता नहीं है क्या?

हुई थी उस दिन वृष्टि

हुई थी अनन्त वृष्टि उस दिन, रास्ते-बीच
रात थी—मध्य रात, गया था घर टूट
पेड़ों से लिपटी हवाएँ थीं, रूपहली थी जल-प्रभा
पत्तों पर सुपारी के।

और था अन्धकार—हृदयरहित अन्धकार
नौका थी धँसी हुई, माटी में, जमा था जल
उसकी छाती पर।
पेड़ों की भीगी हुई छाल के भीतर की
रिक्ति थी स्तब्ध?

धरती आकाश ने बाँधा था झड़ी का पुल
तना था वायवीय जाल जीवन और मृत्यु बीच!
काँपते उतरे थे अतीत, अवसाद औ' अभाव
पत्थर ही रहे मुँह मेरा सफ़ेद, अच्छा है—

कहा था पत्थर की प्रतिमा ने।
वृष्टि थी कि फिर भी थी चारों ओर लगातार

वृष्टि नहीं, चाही थीं लेनी पोंछ
बूँदें वे, शेफाली, टगर, गन्धराज फूलों ने,
चाहा था लेना पोंछ जीवन का शेष अपमान सब

घररहित देह के, तत्पर उड़ चलने के म्लान
उस, इशारे पर!

हुई थी वृष्टि छाती पर, उस दिन
अनन्त—थी मध्य रात।

शरीर

घट रहा है कुछ भीतर, शरीर में, डॉक्टर
मालूम नहीं ठीक
उसको बुलाते किस नाम से

आइने में दिखती हैं आँखें भारी मुझको
झुकी हुई नीचे को
पीड़ा से भरी हुई पेशियाँ
भीतर से उमड़कर झलकता रंग हल्दिया

लेकिन है वह तो आभा गोधूलि की? पड़ती है
दिखायी क्या रक्त में गोधूलि?
रक्त में दिखायी पड़ती क्या गोधूलि?
अच्छा है यह?

कुछ हो रहा है घटित भीतर शरीर में, डॉक्टर
नाम नहीं उसका मालूम।

जलधारा जो तुम्हारी है

सुबह के घटाटोप मेघों के बीच में
कुछ भी तो और मुझे याद नहीं आता,
सिर्फ़ जलधारा जो तुम्हारी है, उसे छोड़।
जैसे मैं सोया हूँ मूँदे हुए आँखों को
देखता आकाश
और बहे चले जाते तुम ऊपर से मेरे
मेरे ही शरीर के कितने ही वन-वनान्त,
कितने ही ग्राम-ग्रामान्त
करते हुए पार,
फिर मुझको ऐसे ही छोड़कर
जाते हो सब कुछ को घेरे हुए
किसी एक अचीन्हे-से देश को,
नहीं, नहीं शिकवा न कोई मुझे न कोई बाधा,
जो कुछ मिला मुझको वही बहुत ज़्यादा।

चालक

एवेन्यू है ज्योत्स्ना का गहन, उसी में बनाती राह,
जाती चली गाड़ी एक
चक्का न कोई है चालक न कोई
यात्री बस केवल मैं ।
नहीं मालूम यह जाकर रुकेगी कहाँ
घर द्वार पेड़ फूल पत्ते सब दूर हुए जाते हैं
दोनों ही ओर के।
एवेन्यू वह चौड़ा ही चौड़ा और होता ही जाता
चढ़ी हुई नदी-सा—
और यह उनींदापन,
भय से मैं काठ हुआ जाता।
नदी में काठ डूबता ही जाता,
तैर-तैर चीर-चीर लहरें सब ढूँढ रहा
चालक अलौकिक एक कोई!

निशाना

तय है गया हूँ बैठ किसी और गाड़ी में भूल से
बदल लेनी होगी वह
किन्तु नहीं आता याद नाम स्टेशन का
जाना था जहाँ।
जानता था क्या कभी!

चौंध एक चारों ओर
दो-चार खूनी गुप्त उत्सवी वेश में चलते
हिले-मिले लपटों-से।
साथ में अनजान बच्चा एक
सोच रहा क्या होगा उसका?

जन-जन से पूछ रहे मिलेगी तो मिलेगी
कौन-सी गाड़ी, किस लाइन की,
पहुँचा देगी जो सचमुच ठीक से—
        बता नहीं पा रहा कोई, वरन् चौंक-चौंक

भिन्न भिन्न आवाज़ों में चाहते वे जानना
नाम स्टेशन का।

अगर वही होता मालूम तो
कहना फिर क्या था!
इस बार चलता ही जा रहा अँधेरे में, छोड़कर
प्रकाश को,
झुलस जाये बच्चा वह उससे ही पहले,
पहुँचा उसे देने को,
जाना था जहाँ उसे वहाँ तक सुरक्षित!

जंगल

शब्द कर रहे हैं गोलमाल
कर रहे हैं चीत्कार
शब्द अब कतई रहना नहीं चाहते
शब्द में

घेरने को उन्हें
कूदते-फाँदते
किसी एक जंगल प्रान्त में चाहता हूँ जाना

किन्तु कहाँ, कहाँ मिलेगा जंगल?
वे भी गये हैं बदल—
इस पार उस पार सभी दुर्वासा।

हम खड़े हैं स्थिर
जंगल ही चला आ रहा है पैदल
आगे को, जंगल ही आ रहा है
चला केवल।

✿✿✿